BEI GRIN MACHT SICH IHR WISSEN BEZAHLT

AF149197

- Wir veröffentlichen Ihre Hausarbeit,
  Bachelor- und Masterarbeit

- Ihr eigenes eBook und Buch -
  weltweit in allen wichtigen Shops

- Verdienen Sie an jedem Verkauf

Jetzt bei www.GRIN.com hochladen
und kostenlos publizieren

GRIN

Michael A. Braun

Probleme bei der Implementierung ethischer Grundsätze in Unternehmen

GRIN Verlag

Bibliografische Information der Deutschen Nationalbibliothek:

Die Deutsche Bibliothek verzeichnet diese Publikation in der Deutschen National-
bibliografie; detaillierte bibliografische Daten sind im Internet über http://dnb.d-
nb.de/ abrufbar.

Impressum:

Copyright © 2002 GRIN Verlag GmbH
Druck und Bindung: Books on Demand GmbH, Norderstedt Germany
ISBN: 978-3-640-27750-6

Dieses Buch bei GRIN:

http://www.grin.com/de/e-book/42770/probleme-bei-der-implementierung-ethischer-
grundsaetze-in-unternehmen

GRIN - Your knowledge has value

Der GRIN Verlag publiziert seit 1998 wissenschaftliche Arbeiten von Studenten, Hochschullehrern und anderen Akademikern als eBook und gedrucktes Buch. Die Verlagswebsite www.grin.com ist die ideale Plattform zur Veröffentlichung von Hausarbeiten, Abschlussarbeiten, wissenschaftlichen Aufsätzen, Dissertationen und Fachbüchern.

Besuchen Sie uns im Internet:

http://www.grin.com/

http://www.facebook.com/grincom

http://www.twitter.com/grin_com

Ausarbeitung

Hamburger Universität für Wirtschaft und Politik, Hamburg

Probleme bei der Implementierung ethischer Grundsätze in Unternehmen

Kurs Unternehmensplanung – Sommersemester 2002

Michael A. Braun

Der praktische Teil dieser Ausarbeitung wurde im Rahmen eines einmonatigen Praktikums bei der Firma **Energie Baden-Württemberg AG, Karlsruhe** erstellt.

Inhaltsverzeichnis

1. Einleitung

Wenn heutzutage von ethischem Handeln bzw. dem 'Guten und Richtigen' in der Gesellschaft gesprochen wird, verbindet man damit meist theoretische Abhandlungen aus Wissenschaft oder Kirche. Dass sich darüber hinaus auch die Wirtschaft mit diesem Thema befasst wird häufig verkannt. Gerade hier wird angenommen, dass Ethik im harten Wirtschaftsleben keinen Platz hätte. Allerdings sind sich Unternehmen oft sehr wohl bewusst, dass sie als Teil einer Gesellschaft deren Normen, Wertvorstellungen und Erwartungen unterworfen sind. Diese nicht zu beachten wäre somit ethisch fragwürdig und ökonomisch unproduktiv. So führen uns aktuelle Entwicklungen vor Augen, dass die Suche nach einer ethischen Orientierung weder eine 'Schönwetterveranstaltung' noch ein Modethema ist. Im Gegenteil: Sie ist eine Voraussetzung, um unternehmerische Freiheit und Wettbewerbsfähigkeit unter heutigen Bedingungen zu sichern.

Dafür lassen sich fünf Gründe nennen: Erstens die Bedeutung des Menschen als 'ganze Persönlichkeit' für einen nachhaltigen Erfolg. Zweitens die Bedingungen am Markt und im sozialen Umfeld des Unternehmens. D.h. es ist oft sogar betriebswirtschaftlich sinnvoll, ethisch zu handeln. Unternehmen wollen dadurch eine langfristige Vertrauensbasis mit ihren Stakeholdern aufbauen. Drittens kann Wertemanagement als eine präventive Maßnahme gegen unethische Handlungen der Mitarbeiter[1] angewandt werden. Viertens ist durch freiwillige Selbstverpflichtungen die Mitgestaltung der globalen wirtschafts- und sozialpolitischen Rahmenordnung möglich. So werden Regulierungen gemieden und die unternehmerische Freiheit gewahrt. Und fünftens mangelt es Gesellschaften heutzutage an allgemeinverbindlichen und global gültigen Werten auf nationaler wie internationaler Ebene. Im Klartext heißt das, vielen Menschen fehlt einfach die Orientierung im Leben.

Heute herrscht mehrheitlich die Überzeugung, dass die Gesellschaft das Recht hat, moralisch akzeptables Verhalten von der Wirtschaft und ihren Akteuren zu erwarten. Viele dahinter liegende Fragen bleiben jedoch offen: Was ist unter spezifischen Umständen 'moralisch richtiges Verhalten' oder 'ethisches Handeln'? Was genau ist das 'Gute' und zu welchem Preis oder anderen sozialen Kosten? Antworten auf diese Fragen sind häufig komplex und abhängig von kulturellen und persönlichen Werten. Ethische Beurteilungen sind in Fällen offensichtlicher Verfehlungen oder Verstößen gegen Gesetze leicht zu fällen, schwierig wird es jedoch in den Grauzonen.

Da das Thema 'soziale Verantwortung in Unternehmen' oder kürzer: 'Unternehmensethik', sehr umfassend ist, grenze ich ein.   In dieser Ausarbeitung befasse ich mich hauptsächlich mit den 'Schwierigkeiten bei der Einführung ethischer Grundsätze in Unternehmen'. Um sinnvoll zum Thema hinzuführen ist es jedoch notwendig, einleitende Vorbemerkungen und Definitionen zu machen. Diese finden sich in den Kapiteln eins und zwei.

Zur Methode ist Folgendes zu sagen: Ich habe mich vorab intensiv theoretisch vorbereitet. Auf dieser Basis habe ich dann im Kurs 'Unternehmensplanung' eine Präsentation mit dem Thema 'Implementation of Corporate Ethics within modern companies' gehalten. Dabei hat sich herausgestellt, dass ich mein Hauptaugenmerk in der schriftlichen Ausarbeitung am besten auf den oben genannten Bereich der Schwierigkeiten bei der Einführung lege.

---

[1] Aus Platzmangel und um Unlesbarkeit vorzubeugen verzichte ich in der Ausarbeitung auf die korrekte, nach Geschlecht getrennte Schreibweise. Stattdessen verwende ich die männliche Form und schließe in der Argumentation selbstverständlich Frauen mit ein.

Um nicht zu theoretisch zu werden und um auch Praxisluft zu schnuppern, entschied ich mich zur Bearbeitung im Rahmen eines einmonatigen Praktikums. Dieses habe ich bei der Firma Energie Baden-Württemberg AG in Karlsruhe durchgeführt. Dabei konnte ich mit zahlreichen Mitarbeitern unterschiedlichster Bereiche persönliche Interviews zur Fragestellung führen. So habe ich das Unternehmen umfassend kennen gelernt und am Ende des Praktikums eine fundierte Einschätzung zum Thema 'Unternehmensethik in der EnBW' weitergeben können.

Den Betrieb habe ich bewusst ausgewählt. Nicht nur, weil ich die Branche spannend finde, sondern auch einige Entscheidungen des Managements haben mich fasziniert. So gab es innerhalb der letzten zehn Jahre drei intensive strukturelle Einschnitte. Sie alle wurden zum stärkeren Einbezug ethischer Grundsätze genutzt. Erstens hat 1993 ein neuer Vorstand 'das Steuer' bei der Badenwerk AG übernommen. Damit einher ging eine komplette Neuorganisation des Unternehmens. Unter anderem wurden damals sogenannte 'Leitlinien' und 'Führungsgrundsätze' eingeführt. 1996 kam es dann zu einer weiteren Veränderung. Die Badenwerk AG fusionierte mit der EVS - Energieversorgung Schwaben AG. Dies kam einem Kulturschock gleich. Zwei gänzlich unterschiedliche Unternehmen und Volksgruppen (Schwaben und Badener) gehen zusammen. Auch hier wurden ethische Grundsätze von Anfang an beachtet und integriert. Es kam z.B. zu keinen betriebsbedingten Kündigungen und einer Weiterentwicklung der Leitsätze in Richtung unbedingter Kundenorientierung. Und die dritte Veränderung ergab sich durch die Liberalisierung des deutschen Strommarktes 1998.

Mittlerweile ist die EnBW AG mit 131,9 Mrd. KWh (2001)[2] drittgrößter Energieversorger Deutschlands. Der Konzern beschäftigt europaweit 44.500 Mitarbeiter und ist in den Geschäftsfeldern Energie, Entsorgung sowie Industrie und Services tätig.

1.1. Begriffsdefinitionen

Um nicht bereits zu Beginn begriffliche Verwirrung zu stiften, grenze ich nachfolgend einige Begriffe ab. So sind meines Erachtens nach 'Moral' als Individualethik, und 'Ethos' als Kollektivethik zu sehen. 'Ethik' im allgemeinen hingegen als die Antwort und deren Begründung auf die Frage nach dem Vernünftigen, Wünschenswerten und Sinnvollen.

1.1.1. Moral

Der Begriff 'Moral' steht für die unterschiedlichen Antworten, die Menschen als Individuen, als Mitglieder bestimmter Religionen und Kulturkreise im Laufe der Geschichte auf die Frage nach dem Unterschied zwischen 'Gut' und 'Böse' gefunden haben. Unter 'Moralität' oder 'Sittlichkeit' versteht man die persönliche Grundhaltung, die zweierlei umfasst: zum einen das individuelle Bekenntnis für das moralisch 'Richtige' und zum anderen die lebenspraktische Orientierung daran.

1.1.2. Ethos

Ethos ist verwandt mit dem Begriff Moral, jedoch kein Synonym im eigentlichen Sinne. Er bezeichnet vielmehr die Gesamtheit der Normen, Wertvorstellungen und Prinzipien ebenso wie die Sitten, Riten und Gebräuche, die sich im Laufe der Zeit innerhalb eines sozialen Systems herausgebildet haben und dessen spezifische Kultur ausmachen. Neben dem Ethos, welches das Zusammenleben in Lebensgemeinschaften oder auf der gesellschaftlichen Ebene bestimmt, lassen sich spezifische Normen und Werte finden, die nur zeitweilig zum Tragen kommen (z.B. Wirtschaftsethos, Arbeitsethos, Berufsethos).

---

[2] Summe aller Energiearten sowie aller Gesellschaften zusammen. Quelle: Geschäftsbericht 2001

1.1.3.   Ethik

Die Ethik hingegen hat im Unterschied zu Moral und Ethos eine normsetzende Funktion. Ihre Aufgabe ist die Begründung von Werten und Prinzipien, die menschliches Handeln innerhalb eines sozialen Systems bestimmen. Also im Sinne von Moralphilosophie das 'Sein-Sollen'.[3] Dies setzt die Beschäftigung mit den herrschenden Moral- und Wertvorstellungen einer Gesellschaft, Kultur oder Person voraus. Dieses Ethos wird dann auf seine Passgenauigkeit mit Handlungsorientierungen, die durch zweierlei bestimmt sind, überprüft: Erstens auf ihre Bezugnahme auf einen übergeordneten, letzten Maßstab, wie etwa die 'Idee des Guten' (Platon), die 'Idee eines gelingenden Lebens' (Aristoteles) oder die 'reine praktische Vernunft' (Kant). Und zweitens auf einen begründeten Anspruch auf Allgemeingültigkeit (Universalisierbarkeit), der sie für das Handeln und Verhalten aller Menschen zu allen Zeiten, unter allen Umständen und in allen Bereichen gelten lässt. Bei Werten, Normen und Prinzipien, die mindestens dem ersten dieser beiden Kriterien genügen, handelt es sich um ethische Orientierungen, d.h. um begründete moralische Standards. Erst deren Einhaltung ermöglicht ein friedliches und menschenwürdiges Leben. Sofern sie auch dem zweiten entsprechen, können sie zugleich unbedingt gültige Pflichten des Menschen sein. Ethik befasst sich jedoch nicht nur mit deren Aufstellung, sondern praxisbezogen, z.B. i.S. von Unternehmensethik, mit der Umsetzung im Leben.

Wobei hier drei Ebenen zu unterscheiden sind. Zum einen die Systemebene (Makroebene) mit der sogenannten Wirtschaftsethik. Hier werden die Rahmenordnungen, z.B. die Art des Wirtschaftssystems und die Gesetze festgelegt. Zum zweiten die Organisationsebene (Mesoebene), also die Unternehmensethik. Hier werden interne und externe Beziehungen (Unternehmensleitbild, Führungsgrundsätze) definiert. Und drittens die Individualebene (Mikroebene), auch Führungsethik genannt. Dabei spielen das Vorbildverhalten, der Führungsstil und persönliche Werte der Leiter[4] die wesentliche Rolle.

Somit hat Ethik stets eine doppelte Bedeutung: Einerseits indem sie auf die fundamentalen Fragen des Menschen begründete Antworten zu geben versucht - auf Fragen wie: 'Was soll ich tun?', 'Was ist das Vernünftige, Richtige und Gute?', 'Worin besteht das Ziel menschlichen Seins?' Die Beschäftigung mit Ethik entspricht damit dem natürlichen Bedürfnis des Menschen nach Sinn und Orientierung. Und andererseits indem sie Handlungsorientierungen vorgibt und damit ein konfliktfreies Zusammenleben von Menschen auf der Basis demokratischer Grundwerte wie Menschenwürde, Freiheit, Selbstbestimmung und Gerechtigkeit sicherstellt. Ethik, so lässt sich zusammenfassen, ist unverzichtbar, damit Gesellschaften reibungslos und effizient funktionieren.

Allgemein gesprochen fragt die Unternehmensethik danach, was in einer bestimmten Situation im unternehmerischen Kontext ein moralisch gutes und gerechtes Verhalten darstellt, also was richtig und was falsch ist. Unternehmensethik hat zum Ziel, handlungsleitende Normen im Sinne einer Selbstverpflichtung - d.h. über die geltenden Gesetze hinaus - in Kraft zu setzen. Den Menschen, die sich damit befassen, bürdet dies die Verantwortung auf, moralische Prinzipien zu verstehen, Güter abzuwägen und für das eigene Verhalten Kriterien zu schaffen und anzuwenden.

---

[3] H. Kreikebaum, Grundlagen der Unternehmensethik, Stuttgart 1996, Seite 8-12

[4] In der EnBW wird das Wort Vorgesetzter des negativen Untertons wegen nicht verwendet. Stattdessen sind die 'Leiter' in der Führung verantwortlich. EnBW-Hierarchie: Vorstand, Geschäftsführer, Leiter 1, Leiter 2, Mitarbeiter.

1.2. Corporate Integrity

Bei der Verankerung ethischer Grundsätze in Organisationen unterscheidet man zwischen 'Compliance-' und 'Integrity-Programmen'. Erfahrungen in den USA[5] zeigen allerdings, dass die Unterschiede zwischen beiden Perspektiven immer stärker zurückgehen.[6] Eine umfassende Interpretation vom Compliance gilt deshalb heutzutage als üblich. Ergänzend dazu grenze ich abschließend noch den Bereich 'Unternehmenskultur' ab. Um bildlich zu werden, kann man folgendes Beispiel bemühen: Wenn wir uns – wir sind Mitarbeiter des Unternehmens – vorstellen, wir seien Fische, dann kann das uns umgebende Wasser als Unternehmenskultur bezeichnet werden. Die Unternehmensethik hingegen, als Teilbereich der Unternehmenskultur, als die im Wasser enthaltenen Sauerstoffbläschen. Und das Glas des Aquariums als der uns notwendigerweise umgebende Compliance-Rahmen gesehen werden. Wasser und Bläschen kommen ohne einander nicht aus. Kultur und Ethik ebenfalls nicht. Und die Kultur wird maßgeblich von den individuellen Werten des Personals geprägt.

1.2.1.   Compliance

Unter Compliance versteht man auf Befolgung ausgerichtete Maßnahmen zur Vermeidung illegaler Handlungen der Mitarbeiter. Es handelt sich somit um das technische Sicherstellen der Einhaltung vorhandener Regelwerke und Vorschriften. Also ob sich das Personal regelgerecht verhält. Die Leitfrage kann dabei sein 'Machen wir die Dinge formal richtig?' Bei derartigen Programmen (Compliance-Management) wird meist nur geltendes Recht in unternehmensinterne Richtlinien verpackt. Es findet jedoch keine Wertung über Sinn oder Unsinn einer Bestimmung statt.

1.2.2.   Integrität

Bei Programmen (Integrity Audit) die in diesem Bereich ihren Schwerpunkt haben, und dazu zählt die Unternehmensethik, stehen Aufdeckung und Bestrafung von Fehlverhalten nicht im Mittelpunkt. Dies sind nur Nebenprodukte weiterer Maßnahmen. Gesetzestreues Verhalten wird zwar auch hier als eine Grundvoraussetzung für Unternehmensethik gesehen. Das eigentliche Ziel von Integrität ist jedoch viel eher, ein vertrauensvolles Klima zu schaffen und so indirekt ethischem Fehlverhalten vorzubeugen.[7] Es gilt, die Potentiale zur aktiven Gestaltung von Unternehmenswerten freizulegen und zu nutzen. Als Leitfrage kann 'Machen wir die Dinge richtig?' beispielhaft genannt werden.

---

[5] J. Wieland, Unternehmensethik in der Praxis - Impulse aus den USA, Deutschland und der Schweiz, Bern 1998

[6] B. Löhnert, Die kulturellen Grundlagen amerikanischer Unternehmensethikprogramme: Eine interkulturelle Analyse, in: J. Wieland / P. Ulrich, Praktische Unternehmensethik, Bern 1998

[7] P. Ulrich, Zum Praxisbezug der Unternehmensethik, in: G. Wagner, Unternehmensführung, Ethik und Umwelt, Wiesbaden 1999

1.2.3.   Unternehmenskultur

Hier handelt es sich um die Gesamtheit aller im Zusammenhang mit dem Unternehmen anzutreffenden Interaktionen. Die Kultur des Unternehmens umfasst dabei sowohl 'hard', als auch 'soft facts'. Sie drückt sich in der Organisationsstruktur, den Arbeitszeiten und dem Umgang untereinander ebenso aus wie in der Personalpolitik, dem Betriebsklima oder den allem zugrunde liegenden Werten und Zielvorstellungen. Die einzelnen Elemente der Unternehmenskultur sind teilweise bewusst und sichtbar, teilweise unbewusst und unreflektiert vorhanden. Sie lassen sich jedoch in drei Ebenen unterteilen: Unternehmensphilosophie liefert die grundlegende Orientierung des Unternehmens. Unternehmensethik definiert die Werte, denen sich das Unternehmen in seinem Handeln verpflichtet fühlt. Und Unternehmensidentität umfasst alle sichtbaren, aktiven und passiven Ausdrucksformen des Unternehmens. Wichtig ist jedoch immer, dass Unternehmensstruktur und Verhaltensnormen zu den Wertvorstellungen und individuellen Grundannahmen, die das Verhalten des Personals prägen, übereinstimmen.[8]

1.3. Basisüberlegungen – Individuelle und kollektive Sichtweise

Vorab appelliere ich daran, dieses komplexe Thema nicht über zu bewerten. Natürlich ist es in Unternehmen und in der Gesellschaft von zentraler Bedeutung, eine gemeinsame Basis zu haben. Natürliche ist es wichtig, dass Individuen einen 'Rahmen zum Festhalten' haben. Ich gebe jedoch zu bedenken, dass uns der gesunde Menschenverstand und eine Lebensführung nach der 'Goldenen Regel' bereits sehr weit bringen.

Bei den Bemerkungen was gutes und gerechtes Handeln im unternehmerischen Kontext bzw. soziale Verantwortung ist, komme ich naturgemäß zu keinem endgültigen Ergebnis. Das Thema ist zu umfangreich und zu umstritten. Man kann jedoch zwischen Handlungen innerhalb des Unternehmens sowie die Außenwelt betreffende abgrenzen. Wobei die meisten Aktionen allerdings sowohl nach innen als auch außen wirken.

1.3.1.   Gesunder Menschenverstand und humane Normen

Weltweit erkennen Menschen Kernpunkte für konfliktfreies Zusammenleben und gewaltlosen Interessenausgleich an. Das sind die Normen, die der Menschheit in all ihren kulturellen und religiösen Ausprägungen seit Jahrhunderten als Kompass gedient haben. Ob nun bei Laotse, Konfuzius, den Verfassern der Evangelien, des Korans oder der hinduistischen Schriften gelesen wird, man findet vergleichbare Vorstellungen vom guten und richtigen Verhalten sowie von einer sinnvollen menschlichen Existenz. Aber schon die Einhaltung der 'Goldenen Regel' in ihrer passiven[9] oder gar aktiven[10] Form würde individuellem wie unternehmerischem Handeln bereits den größten Teil der heute geübten Kritik den Boden entziehen. Doppelte Standards - niedrige für sich selbst und hohe für alle anderen - sind ethisch unvertretbar. Der erste Schritt zur Einführung ethischer Grundsätze ist deshalb in meinen Augen die Nutzung des eigenen gesunden Menschenverstands. Viele Verhaltensweisen die als unethisch kritisiert werden, sind in erster Linie unintelligent, wenn nicht gar dumm. Das wohlverstandene Eigeninteresse der Menschen findet durch universell akzeptierte Normen seinen Ausdruck.

---

[8] H. Kreikebaum, Unternehmensethik und Globalisierungsstrategien, in: G. Handlbauer / K. Matzler / E. Sauerwein / M. Stumpf, Perspektiven im Strategischen Management, Berlin 1998

[9] Vgl. Tobit 4.15: 'Was Dir selbst verhasst ist, das mute auch einem anderen nicht zu.'

[10] Vgl. Matthäus 7.12: 'Alles, was Ihr also von den anderen erwartet, das tut auch ihnen.'

1.3.2.   Was ist gutes und gerechtes Handeln im unternehmerischen Kontext?

Hier geht es um die Unterscheidung, wie allgemein unter 'Ethik' beschrieben, in richtig und falsch. Heutzutage reicht es jedoch bei weitem nicht mehr aus, der Gesellschaft nicht zu schaden, sondern Unternehmen müssen die Gesellschaft gar verbessern.[11] Legales Handeln ist dabei lediglich das ethische Minimum und bietet in vielen Ländern nicht die Gewähr, Menschen und Gesellschaft vor Schaden zu bewahren. Viele wirtschaftlich und sozial unterentwickelte Länder verfügen entweder nicht über die gesetzlichen Rahmenbedingungen oder müssen aus anderen Gründen soziale Ungerechtigkeit tolerieren, die bei uns längst verboten ist (z.B. Kinderarbeit, Entlassung von Schwangeren, geringer Arbeitsschutz etc.).

Empfundene Verantwortung aufgrund von Einsicht oder besseren Wissens muss auch dann in die Praxis umgesetzt werden, wenn kein Gesetz dies vorschreibt. Das Gleiche gilt auch wenn z.B. der technische Fortschritt dem Gesetzgeber vorausgeeilt ist. Das Recht spiegelt und verdichtet nur den ethischen Konsens einer Gesellschaft wieder, es bildet ihn jedoch nicht vollständig ab. Deshalb sollte Gesetzestreue (Legalität) auf keinen Fall mit Moralität (Legitimität) verwechselt werden.

1.3.3.   Soziale Verantwortung in Unternehmen?!

Fast alle Bereiche unternehmerischer Aktivität sind ethisch besetzt. Man denke nur an den Bereich Personal. Hier treten beispielsweise Fragen der Aus- und Weiterbildung, Sicherheitsfragen sowie Fragen der Gleichbehandlung innerhalb des Unternehmens auf. Des weiteren ist die Gesellschaft insgesamt von unternehmerischen Entscheidungen betroffen. Was passiert, wenn neue Technologien aus dem Ruder laufen? Unternehmerisches Handeln muss sich somit stets an der für alle übernommenen Verantwortung orientieren.[12] Verantwortung tragen jedoch auch diejenigen Personen und Unternehmen, denen nur indirekte oder geringfügige Einflussnahme möglich ist.

Generell würde ich drei Bereiche sozialer Verantwortung abgrenzen. Zum einen den der internen sozialen Verantwortung. Hierunter fallen auf jeden Fall das oben genannte Personal sowie dessen Belange. Als weitere große Gruppe definiere ich den Bereich der externen sozialen Verantwortung. Hierunter fallen alle Aufgaben, die die Gesellschaft insgesamt, im Sinne des Stakeholder-Ansatzes, betreffen. Z. B. die Bereitstellung von Arbeitsplätzen, soziales und kulturelles Engagement oder auch der Aspekt der Nachhaltigkeit. Dies bedeutet, dass sich die Planungen nicht nur auf heute und morgen beziehen, sondern auch nachfolgende Generationen berücksichtigen und für Ressourcen Sorge tragen. Und dann greift noch ein dritter, übergeordneter Bereich als verbindendes Element ein. Umweltfragen oder die Haltung zu politischen Themen (z.B. zur Kinderarbeit) können nicht direkt zugeordnet werden. Sie betreffen beide vorhergehende Gruppen.

Des weiteren würde ich gerne zwischen der aktiven und der passiven Rolle bei sozialer Verantwortung unterscheiden. In der aktiven Ausprägung können normsetzende Handlungen vorgenommen werden. Eine unternehmerische Entscheidung wirkt sich, so ist es zumindest geplant, positiv auf die Betroffenen aus. In der passiven Ausprägung hingegen beteiligt man sich nicht an unethischem Verhalten. Dies kann beispielsweise durch den Ausstieg aus einem Joint-Venture, welches sich wiederholt Verstöße gegen ethische Grundsätze zu schulden kommen lies, geschehen. Hier wird der Mangel zwar nicht direkt abgestellt. Das Unternehmen beteiligt sich jedoch nicht mehr daran. Inwieweit dies konsequent ist, der Markt bzw. die Nachfrage besteht ja auch weiterhin, ist fraglich. Und ob sich hieraus allerdings eine moralische Verpflichtung zur Intervention ableiten lässt, bleibt ebenfalls offen.

---

[11] Vgl. o.V., Unternehmen entdecken die soziale Verantwortung, in: Handelsblatt, vom 30.01.2001

[12] K. Bleicher, Normatives Management – St. Galler Management-Konzept (Band 5), Frankfurt 1994

2. Gründe für die Implementierung ethischer Grundsätze

In diesem Kapitel gehe ich der Frage nach, was Unternehmungen dazu bewegt, ethische Grundsätze einzuführen bzw. nach diesen zu handeln. Ich gehe nicht davon aus, dass dies als Selbstzweck geschieht. Nachfolgend unterscheide ich aus Sicht der Unternehmen zwischen Individuen betreffenden Gründen sowie Gründen, die für ganze Gruppen gelten. Allerdings gehe ich nicht auf die Frage ein, welche Gründe es für individual-ethisches Handeln geben könnte.

2.1. Individualebene

2.1.1. Der Mensch als Persönlichkeit – Bewältigung der Veränderungsprozesse

Die Tatsache, dass ein Unternehmen aufgrund unethischen Verhaltens im Mittelpunkt öffentlicher Kritik steht, kann verheerende Auswirkungen auf die Motivation der Mitarbeiter haben. Mittel- bis langfristig führt dies meist dazu, dass sich wichtige Mitarbeiter nach Stellen bei anderen Unternehmen umsehen und den Betrieb verlassen. Da die Mitarbeiter die wichtigste Ressource der Unternehmung sind, ist dies für mich schon Grund genug, ethisches Verhalten als vitales Unternehmensinteresse zu sehen.

Der gesunde Menschenverstand legt zudem nahe, dass es eine positive Beziehung zwischen ethischem Handeln in einem Unternehmen und der Arbeitsplatzzufriedenheit gibt. Wenn Führungskräfte sichtbar ethisches Verhalten unterstützen, erhöhen sich Zufriedenheit und Identifikation des Mitarbeiters mit dem Unternehmen. Angewandte Unternehmensethik ist somit eine Komponente der 'Corporate Identity'. Dies wiederum ist nicht nur allgemein erwünscht, sondern hat auch betriebswirtschaftlich positive Folgen: 'Klinisch kühle' Arbeitsverhältnisse inspirieren nicht gerade zu außerordentlichen Anstrengungen und anhaltendem Engagement. Menschen wollen nicht nur für ein Unternehmen arbeiten, sie wünschen sich auch, dass ihre Mitarbeit sinnvoll ist. Sie möchten einer Institution angehören, auf die sie mit Stolz blicken können. Mitarbeiter, die spüren, dass es dem Unternehmen ein ernsthaftes Anliegen ist, moralischer zu handeln, sehen in ihrer Arbeit mehr als lediglich eine 'Erwerbsquelle'. Die Ziele des Unternehmens werden zur persönlichen Sache. Wo Menschen im Unternehmen das Gefühl haben, zu etwas Wichtigem einen persönlichen Beitrag leisten zu können, entsteht nicht nur eine Identifikation mit der zu leistenden Arbeit, sondern auch eine Motivation, mehr und besser zu arbeiten.

Auf der Individualebene kann man, etwas allgemeiner betrachtet, als weiteren triftigen Grund für ethisches Handeln in Unternehmen die sogenannte 'Individualisierung' anführen. Dies meint, dass in der Wissensgesellschaft unternehmerischer Erfolg zunehmend von Kreativität und Know-how abhängt. Beides sind Schätze die sich in den Köpfen und Herzen der Mitarbeiter befinden. Ihr volles Potential werden diese jedoch nur dann erbringen und entfalten (wollen), respektive den Schatz heben, wenn sie mit Fairness und Respekt behandelt werden. Oder anders ausgedrückt, wenn sie ihre Wertvorstellungen im Unternehmensverständnis wiederfinden und verwirklichen können. Laut einer McKinsey-Studie[13] ist bei heutigen 'high potentials' Geld nicht mehr das entscheidende Kriterium bei der Arbeitsplatzwahl (23%). Vielmehr interessieren sie sich für die Kultur (58%) sowie den Grad der Freiheit (56%) in den jeweiligen Unternehmen. Auch die Mitarbeiterloyalität ist in Zeiten zunehmender Individualisierung und abnehmender gesellschaftlicher Bindungskräfte keine Selbstverständlichkeit mehr. Laut der Studie hat der 'war on talents' schon lange begonnen.

---

[13] G. Chambers, The war on talent, in: McKinsey Quarterly, Ausgabe 3/1998, o.O. 1998, Seite 44-57

2.2. Kollektivebene

2.2.1. Markt und soziales Umfeld

Durch Einführung ethischer Grundsätze hebt sich eine Organisation heutzutage noch immer von den Mitbewerbern ab. Sie bekommt, richtig konzipiert, gelebt und eingeführt, ein ganz besonderes Alleinstellungsmerkmal. Zwar kostet ethisches Handeln meist Geld, zumindest mehr als unethisches, dennoch halte ich es für eine Investition in die Zukunft der Unternehmung und der Gesellschaft. Von dieser profitieren dann über längere Zeit beide Seiten. Zum einen verbessern sich das Image und die gesellschaftliche Akzeptanz, zum anderen lassen sich so Reibungskosten mit dem sozialen Umfeld dauerhaft senken. Man denke nur an das Brent-Spar-Debakel. Hätte man zuvor ethisch gehandelt, die Kosten wären bei weitem geringer als der temporäre Imageschaden und die damit einher gehenden Umsatzeinbrüche. Heute wird das Unternehmen dank seiner Lernfähigkeit und seiner guten Kommunikation sogar als besonders ethisch angesehen.[14]

In diesem Zusammenhang erweist sich ernstgemeintes ethisches Handeln sogar als positiv für die Anteilseigner. Da Manager verantwortlich für den Shareholder-Value sind, versuchen sie diesem dauerhaft zu optimieren. Dies geschieht u.a. durch eine längere Halte- sowie eine bessere Preisbereitschaft der Anteilseigner. Da das Vertrauen sowohl der Verbraucher als auch der Geldgeber signifikant höher ist als bei nachweislich unethischen Organisationen, werden auch bessere Preise für Produkte bezahlt. Dies wiederum spiegelt sich in den Umsätzen und der Kundenloyalität wieder. Dafür ist es allerdings wichtig, sozial positives Unternehmensverhalten stets offen zu kommunizieren. Ein Richtsatz kann dabei sein: 'Tue Gutes und rede darüber.'

2.2.2. Wertemanagement als präventive Maßnahme

Wirtschaftskriminalität und Korruption werden zunehmend als ernstzunehmende Risiken gesehen. Um sich vor dieser Bedrohung zu schützen, greifen viele Unternehmen zuerst auf die Verbesserung der internen Kontrollsysteme zurück.[15] Verwendete Maßnahmen sind hier unter anderem die Einhaltung des Vier-Augen-Prinzips und der Funktionentrennung, die regelmäßige Durchführung von Plausibilitätschecks, die Stärkung der inneren und externen Revision sowie die Einführung von Vorschriften und Verhaltensleitlinien (Code of Conduct).[16] All dies sind wichtige Maßnahmen zur Prävention. Leider können Regeln umgangen werden. Beispielsweise wenn sich die kontrollierenden Mitarbeiter gegenseitig vertrauen oder nicht die nötige Sorgfalt walten lassen.

---

[14] Die Firma Shell/Royal Dutch befindet sich im Dow Jones Sustainability Index.

[15] Rund 88% der Befragten einer KPMG-Unternehmensumfrage nannten die Verbesserung des internen Kontrollsystems die wichtigste ergriffene Maßnahme zur Verhinderung von Wirtschaftskriminalität. Quelle: o.V., Ethik und Unternehmenskultur, KPMG – Integrity Service, o.O. 1999

[16] P. Poerting, W. Vahlenkamp, Leitfaden zur Korruptionsvorbeugung, o.O. 2000, Seite 12-17

Ein weiterer Punkt ist mangelndes Unrechtsbewusstsein. Vielfach ist den Tätern nicht einmal bewusst, dass etwas Unrechtes getan wird. Das kann dann der Fall sein, wenn es Graubereiche gibt. Wann befindet man sich noch im legitimen, wann im illegitimen Bereich? Deshalb kann man die Ansicht vertreten, Compliance-Maßnahmen reichten nicht aus. Und sie müssten durch Maßnahmen unterstützt und ergänzt werden, die die Unternehmenskultur stärken und das Verhalten der Mitarbeiter nachhaltig beeinflussen.[17] So kann man verdeutlichen, welche Normen und Werte in der Organisation gelten sollen. Wenn sich die Mitarbeiter mit dem Unternehmen identifizieren ist es einfacher, den Sinn von Kontrollen zu verstehen. Sie sollen nicht als Instrument der Bevormundung, sondern als Arbeitsplatzschutz verstanden werden. Des weiteren ist sicherlich auch die Förderung eigenverantwortlichen Handelns langfristig sinnvoller. Dann machen sich die Betroffenen, hoffentlich, mehr Gedanken über ihr Handeln.

Insgesamt kann man davon ausgehen, dass sich die Investition in Prävention auszahlt. Schon allein deshalb, weil ein solches Programm meist weniger Geld, Zeit, und Energie kostet als die Aufarbeitung und Überwindung eines Korruptionsskandals. Die Bemühung um Glaubwürdigkeit und Vertrauen nach innen und außen gehört zu den größten Herausforderungen eines Unternehmens. Wenn es erst einmal in Verruf geraten ist, werden alle nachfolgenden Aktionen besonders kritisch begutachtet.

2.2.3.   Selbstverpflichtung vorbeugend externer Regulierung

Führungskräfte von Unternehmen beschweren sich oft über ein stetig wachsendes und bereits zu dichtes Geflecht von Gesetzen, Regeln und Richtlinien. Kommerzielle Freiheit und wirtschaftlicher Erfolg, so der Vorwurf, können in einem noch enger werdenden Korsett staatlicher Regulierungen nicht mehr existieren. Vieles spricht dafür, dass solche Vorwürfe begründet sind, und dass 'weniger Staat' einen belebenden Effekt auf die Wirtschaft haben kann. Freiheit ist jedoch stets ethisch gebundene Freiheit und kann daher nur zusammen mit gelebter Verantwortung eingefordert werden. Jeder, der der Überzeugung ist, der Staat soll sich nicht durch weitere Regulierung einmischen und sich für die Korrektur unangemessener Regelungsdichte ausspricht, muss den Beweis erbringen, dass es durch Eigenverantwortung besser geht als durch Staatsintervention. Die bei der Umsetzung unternehmensethischer Prinzipien in den unternehmerischen Alltag anfallenden Kosten sind als Investitionen in die Pflege der Unternehmensumwelt und der Erhaltung der freien globalen Marktwirtschaft anzusehen.

Wo Unternehmen ethisches Engagement zeigen, handelt es sich um einen Akt freiwilliger Selbstverpflichtung und um moralisches Handeln im eigentlichen Sinn. Für Kant zeigt sich genau darin die Autonomie des Menschen, die seine Würde ausmacht: in der Wahrnehmung seiner Freiheit jenseits der Zweckrationalität. Für Menschen ist ethische Selbstbindung dieser Art einer der wichtigen Faktoren ihrer Identitätsbildung. Überträgt man diesen Zusammenhang auf Unternehmen, dann leisten Selbstverpflichtung und aktives Handeln einen wichtigen Beitrag für die Entstehung und Stärkung ihrer Kultur.

---

[17] B. Palazzo, Wirtschaftsethik als Instrument der Prävention von Wirtschaftskriminalität und Korruption., in: Die Kriminalprävention 02/2001, o.O. 2001, Seite 53

2.2.4.   Globale und verbindliche Wertorientierungen

Wenn heute von einem Wertewandel gesprochen wird, dann gibt es zahlreiche Ausprägungen dessen. Die Frage allerdings, woher dieser Wandel kommt, wird jedoch selten wirklich zufriedenstellend beantwortet. Wahrscheinlich lässt sich dies auch nicht abschließend klären. Sicher ist jedoch, dass die Kirche bzw. Religion allgemein als fester Orientierungspunkt in unserem Kulturkreis nicht mehr sehr gefragt sind. Das Elternhaus als Institution lässt ebenfalls Mängel in der Wertevermittlung erkennen. Wahrscheinlich auch, weil die heutige Elterngeneration ihrerseits ebenfalls wertfreier erzogen wurde als vor einiger Zeit noch üblich. Erziehungsfragen werden deshalb aus verschiedenen Gründen der Schule und damit dem Staat bzw. den Medien übertragen. Leider scheinen auch diese bei der Bewältigung der Aufgabe häufig überfordert. In wieweit dies überhaupt deren Aufgabe wäre bzw. sein kann, steht ohnehin zur Diskussion.

Ergänzend dazu finden wir weltweit, bedingt durch die Globalisierung, nur wenige echte Anhaltspunkt für ethisches Handeln. Die angesprochene 'Goldene Regel' sei hier erwähnt. Allerdings ist der Trend für mich klar: Wir haben es hier einer 'Tendenz zum niedrigsten Standard' zu tun. In einer vernetzten und miteinander verbundenen Welt setzen sich selten die ethisch besten Lösungen durch. Es sind viel eher die ökonomisch und gesellschaftlich praktikabelsten. Zwar gibt es immer Beispiele von Ausnahmen, man denke nur an den Umweltschutz in Europa und insbesondere in Deutschland. Dennoch setzt sich eine billigere – monetär und psychologisch – Lösung oft einfacher durch.

Aus diesem Mangel an global gültigen und verbindlichen Wertorientierungen leite ich eine Richtungslosigkeit bei den Menschen ab. Ich glaube, den Wunsch nach einer festen, verlässlichen Größe in deren Leben zu erkennen. Meiner Meinung nach kann dies der Arbeitgeber sein. In Zeiten einer schnelllebigen Spaß- und Konsumgesellschaft kann fast nur noch hier, allein durch die Dauer der aufgewandten Zeit, eine Sozialisation erfolgen. Diese soll wieder zu einer Dauerhaftigkeit und Einhaltung von Werten – auch in Unternehmen - führen. Dabei ist keine Erziehung oder gar 'Gehirnwäsche' gemeint. Jedes Mitglied im Unternehmen hat natürlich die Gültigkeit der gemeinsamen Werte für sich selbst zu überprüfen. Bei Missfallen sollte dann auch die Kündigung vollzogen werden.

Dennoch bin ich der Meinung, Arbeitgeber haben zwei wichtige Gründe für ethisches Handeln im Zusammenhang mit global gültigen und verbindlichen Wertorientierungen. Zum einen natürlich die normative Seite. Es ist wünschenswert, wenn sich Unternehmen sozial engagierten. Und zum anderen die praktische Seite. Wie oben dargestellt hat das Unternehmen ein wohlverstandenes, vitales Eigeninteresse an deren Umsetzung.

3.   Schwierigkeiten bei der Einführung

Im folgenden Teil wende ich mich der konkreten Fragestellung zu. Dabei versuche ich, Probleme bei der Einführung ethischer Grundsätze herauszuarbeiten. Um den Gedankengang plastischer zu machen, gehe ich anhand einer zwölf Punkte umfassenden Empfehlung[18] des Institute of Business Ethics[19] vor. Diese vergleiche ich dann mit den in den Interviews gewonnenen Erkenntnissen. Oft decken sich dabei die Tipps des Instituts mit den unternehmerischen Alltag gemachten Erfahrungen. Der Ablauf kann nach dem Schema 'Bedarf erkennen, Grundsätze erarbeiten und einführen sowie Akzeptanz und Mitarbeit sichern' skizziert werden. Wobei das Ziel klar ist: Es geht darum, Mitarbeitern Anreize für ethisches Handeln zu bieten.

---

[18] M. Le Jeune, S. Webley, - Company use of codes of business ethics, The Institute of business ethics, London 1998

[19] Eine Interessengemeinschaft (Verband) zahlreicher namhaften britischer Unternehmen mit dem Ziel, Unternehmensethik professioneller im Wirtschaftsleben zu etablieren.

Vorab jedoch einige Anmerkungen zu Veränderungen allgemein. Bei Menschen, die diesen ausgesetzt sein werden, dürfen im Vorfeld keine hemmenden Ängste entstehen. Dass eine gewisse Angst oder besser, ein gesunder Respekt vor dem Neuen vorhanden ist, ist normal. Die Betroffenen dürfen jedoch nicht in ihrer Fähigkeit zu handeln gelähmt werden. Ein innerlicher Widerstand würde den gesamten Prozess ungünstig beeinflussen. Insgesamt sollte der Veränderungsprozess als etwas Positives gesehen werden.

Es ist die Aufgabe unterschiedlichster Stellen in der Organisation, den 'Spirit ethischer Grundsätze zu entfachen'. Förmlich das 'Herz und die Seele der Mitarbeiter ansprechen'. Diese müssen mit dem 'Virus gemeinsamer Werte' infiziert werden. Außerdem muss die Umsetzung im Sinne der Spaßgesellschaft 'Spaß machen' und 'darf nicht wehtun'. Dies alles sind Aussagen einzelner Interviewpartner. Sie waren der Meinung, ein Leitbild, ein Wertekanon, kann nur gemeinsam getragen werden. Diese beiden Anmerkungen in Hinterkopf, das positive Denken und die Beseeltheit der Mitarbeiter, lässt sich nachfolgender Leitfaden gut in das unternehmerische Tagesgeschäft übertragen.

3.1. Twelve Steps for Implementing a Code of Business Ethics - Zwölf Schritte der Einführung eines Unternehmensleitbildes.

3.1.1.   Integration – Produce a strategy for integrating the code into the running of the business at the time that is issued.

Zu Beginn eines solchen Prozess' (die sogenannte Set-up-Phase) steht natürlich in erster Linie das Erkennen des Bedarfs. Nur wenn auffällt, dass etwas nicht optimal läuft, also noch besser laufen könnte, werden Veränderungen in Erwägung gezogen. So ist es auch hierbei. Wenn die Vorteile praktisch gelebter ethischer Grundsätze bekannt sind, werden Wege zu deren Einführung und Festigung gesucht. Hierbei ist jedoch vorsichtig vorzugehen. Bei Errichtung einer neuen Unternehmung kann das Klima, die Kultur, sprich der gesamte ethische Rahmen nahezu frei von Vorgaben definiert werden. Sollen jedoch ethische Grundsätze in bestehende, u.U. Jahrzehnte alte, Organisationen integriert werden, müssen zahlreiche Parameter beachtet werden. Oberstes Ziel ist dabei jedoch meist, die Schlagkraft des Unternehmens am Markt zu erhöhen.

Im Falle von ehemaligen Monopolisten kann dies die Orientierung am Kunden sein. Dann wird vormals praktizierte 'Abnehmer-Mentalität' in eine der Dienstleistung und des Service umgewandelt. Dem liegt dann ein völlig gewandeltes Menschenbild zugrunde. Der Kunde wird als mündiger – wechselfähiger! – Partner akzeptiert und entsprechend behandelt. Ebenfalls verändern sich die Beziehungen innerhalb der Organisation. Dabei fallen möglicherweise bestimmte Selbstverständlichkeiten dem Wettbewerb zum Opfer. Dies können freiwillige Sozialleistungen ebenso sein wie höhere Standards im Umweltschutz.

Es hat sich sowohl in der Literatur als auch in den Interviews gezeigt, dass Leitlinien aus Unternehmen heraus entwickelt werden müssen. Sie sollen ein Gemeinschaftsprodukt aller sein. Also sowohl das Top-Management als auch Hilfskräfte beteiligen. Dies setzt jedoch voraus, dass jeder im Unternehmen an seiner Stelle für wichtig erachtet wird. Ein Top-down-Ansatz, also die Vorgabe der Grundsätze durch den Vorstand, wurde stets abgelehnt. Hingegen wurde das Modell 'Projektgruppe' favorisiert. Hierbei sendet jeder Unternehmensbereich einige wirklich Freiwillige um den Veränderungsprozess aktiv mitgestalten zu können. Diese setzen sich dann, losgelöst vom Tagesgeschäft, mit der Frage nach ethischen Grundsätzen für ihren Bereich sowie die gesamte Organisation auseinander. Ziel ist dabei, die Erarbeitung eines realitätsnahen und gut umsetzbaren 'Code of Conduct'[20]. Dabei handelt es sich um eine Art Handlungsanweisung und Unternehmensleitbild in einem. Mit diesem Vorgehen fühlen sich dann alle Unternehmensteile gemeinsam eingebunden. Und der Vorstand kann bei Einführung eine weit höhere Zustimmung erwarten.

Hierbei ist allerdings die gefährliche Klippe 'Selbstverständlichkeit' zu umschiffen. Mit dem Hinweis, die erarbeiteten Grundsätze sind doch selbstverständlich, werden diese nicht umgesetzt. Man setzt sich nicht einmal intensiv damit auseinander. Klar, ethisches Handeln ist aufgrund unserer kulturellen Prägung zumindest normativ selbstverständlich. Leider hat sich in den Gesprächen gezeigt, gerade Personen die es mit der Moral nicht so genau nehmen, haben sich in der Vergangenheit hervorgetan. Diese waren stets bei den Rufern 'Ethisches Handeln ist doch selbstverständlich' und 'Wir brauchen keine Grundsätze'. Es ist schade, wenn man sich damit der Chance zum konstruktiven Dialog beraubt. Außerdem fehlt hier die Motivation, festgefahrene Strukturen zu verändern und Abläufe zu verbessern. Allerdings waren dies meist auch die Menschen, die das Unternehmen später ohnehin freiwillig verlassen haben.

Eine weitere Herausforderung ist die Aussage, dass die mühsam definierten Grundsätze ohnehin bereits im Unternehmen verankert sind. Sie sind sozusagen unterschwellig. Natürlich lebt jedes Individuum nach bestimmten moralischen Grundsätzen. Zusammen genommen ergeben diese dann, im Rahmen der Unternehmenskultur, vermeintlich eine Art Unternehmensethik. Leider versteht jeder etwas anderes darunter. Deshalb werden Grundsätze gemeinsam erarbeitet und schriftlich festgehalten. Auf diese Art und Weise kann sich keiner herausreden, nicht gewusst zu haben, welche Wertvorstellungen und Handlungsleitlinien im Unternehmen gelten. Bei 'selbstverständlichen' Werten geht dies sehr wohl. Keiner weiß, welches meine Werte sind und welches nicht. Insofern kann mich auch niemand dafür zur Rechenschaft ziehen. Einzige Ausnahme: illegale Handlungen.

3.1.2.   Endorsement – Make sure that the code is endorsed by the chairman and the CEO.

Diesen Punkt halte ich für die zentrale Frage innerhalb des Einführungsprozess'. Nur wenn die Unternehmensleitung voll hinter den gemeinsam erarbeiteten Grundsätzen steht, können sie sich wirklich durchsetzten. Das Leitbild darf keine Art 'Alibi-Funktion' erfüllen. Aufgeschriebene und öffentlich gemachte Grundsätze dürfen kein ethisches Feigenblatt des Top-Managements sein.

---

[20] Unternehmensethik als Instrument der Prävention von Wirtschaftskriminalität und Korruption - Palazzo, B. - aus: Die Kriminalprävention 2/2002 - Seite 52

Ergänzend dazu haben Top-Kräfte eine Vorbildfunktion. Sie werden stets beobachtet. Ihr Verhalten wird mit gemachten Aussagen verglichen und Unstimmigkeiten fallen sofort auf. Nur wenn ein Leiter ethische Grundsätze vorlebt, werden diese dauerhaft von der Organisation übernommen; sie werden gelebt. Zwar mag zur Zeit der Einführung die Motivation bei den Mitarbeitern aus eigenem Antrieb hoch genug sein, langfristig tendiert die Gruppe jedoch meist zu dem den Vorgesetzten nachgeahmten Verhalten. Dies haben auch zahlreiche Aussagen bei den Interviews ergeben. So waren Abteilungen innerhalb des Unternehmens eher mit eigenen kleinen Organisationen vergleichbar. Ein sehr dominanter Leiter hat das Abteilungsklima, die Werte und Ziele ganz anders beeinflusst als ein eher partizipativ eingestellter Manager.

Die Unterstützung durch leitende Mitarbeiter muss deshalb als zentraler Punkt bei der Einführung ethischer Grundsätze gesehen werden. Ohne die Unterstützung und den Einfluss der Führungsebene lassen sich ethische Grundsätze nicht dauerhaft und nachhaltig implementieren. Hängt die Unternehmensethik somit also nur von der moralischen Integrität der Verantwortlichen an der Spitze ab? Ja und Nein. Die positive Grundhaltung aller Unternehmensmitglieder dem Prozess gegenüber ist unverzichtbar, um ethische Wertorientierungen erfolgreich in Unternehmen implementieren zu können.

Zusätzlich ist auch die Außenwirkung nicht zu vernachlässigen. Wenn der Vorstand eines Unternehmens sich persönlich auf die Fahnen schreibt, ethisch zu handeln. Und wenn die gesamte Belegschaft dies für sich ebenfalls aktiv umsetzt, dann geht hiervon eine Signalwirkung aus. Diese erfasst nicht nur wie oben dargestellt interne Bereiche, sondern auch das gesamte gesellschaftliche Umfeld.

3.1.3. Circulation – Send the code to all employees in a readable and portable form and give to all employees joining the company.

Es reicht jedoch nicht aus, einige wenige Mitglieder des Unternehmens an der Erarbeitung der Grundsätze mitarbeiten zu lassen. Ebenfalls reicht es nicht, diese dann durch den Vorstand vorleben zu lassen und auf Nachahmung zu hoffen. Es ist selbstverständlich, dass Grundsätze auch und insbesondere das Tagesgeschäft beeinflussen. Aus diesem Grund müssen sie allen Mitarbeitern ausgehändigt werden. In welcher Form, als Buch bzw. Broschüre, auf Tassen, als Kalender, im Rahmen eines Leitlinien-Fests, etc. ist egal. Wichtig ist jedoch die offizielle Übergabe. Damit werden die ethischen 'Leitplanken' aktiviert und sind nicht mehr nur Teil einer Projektgruppe.

Ebenso wichtig ist es, auf eine verständliche Formulierung der Grundsätze zu achten. Oft verbinden verschiedene Menschen unterschiedliche Bedeutungen mit ein und dem selben Begriff. So kann zwar ein einzelnes Wort verstanden werden. Die Aneinanderreihung mehrerer ergibt jedoch nicht für jeden Mitarbeiter einen Sinn. Dabei spiele ich nicht so sehr auf die kognitiven Fähigkeiten eines Individuums an. Viel eher lassen uns unsere unterschiedlichen kulturellen Prägungen ganz andere Aspekte mit einem Satz bzw. einer Handlungsanweisung verbinden.

Um ein Beispiel zu geben: Das christliche Gebot 'Du sollst nicht töten.' ist eindeutig. Es gibt keinerlei Möglichkeiten einer Hintertür. Dennoch wird dieses Gebot weltweit anders interpretiert. So existiert z.B. noch immer die Todesstrafe, auch gibt es Blutrache und Notwehr bzw. Nothilfe. Dies sind Verstöße gegen klar formuliert aneinander gereihte Worte. Aus diesem Grund darf ein Leitbild nicht missverständlich und zu intellektuell formuliert werden. Ziel ist die Umsetzung der Handlungsanweisungen in Taten. Und dies ist bei weitem einfacher, wenn über Bedeutungen nicht gerätselt und interpretiert werden muss. Eine sogenannte 'Formulierung über die Köpfe hinweg' ist deshalb unzulässig.

Der Vollständigkeit halber muss allerdings angemerkt werden, dass es zwar wichtig ist die Grundsätze zu verteilen, wie diese jedoch ins Tagesgeschäft von ohnehin schon stark beanspruchten Mitarbeitern zu integrieren sind, steht auf einem anderen Blatt. Es ist eine Frage sowohl der eigenen als auch der Prioritätensetzung des jeweiligen Leiters. Doch nur so kann der Stellenwert ethischer Grundsätze m.E. nach richtig gewürdigt werden.

3.1.4. Breaches – Include a short section on how an employee can react if he or she is faced a potential breach of the code or is in a doubt about a course of action involving an ethical choice.

Dieser Punkt ist in den Gesprächen meist negativ gesehen worden. Es gab zwar den Hinweis, dass in den USA die Erarbeitung eines Verhaltenshandbuchs gang und gäbe sei.[21] Ziel ist dabei, für jedes ethische Dilemma einen passenden Lösungsweg zu bieten. Dennoch wird in Mitteleuropa, sowohl in der Literatur, als auch in den Gesprächen, der Weg des mitdenkenden Individuums bevorzugt. Dies bedeutet, es sollen zwar ethische Leitplanken in der Organisation vorhanden sein. Die Bewegung innerhalb diesen bleibt jedoch jedem selbst überlassen. In Grauzonen wäre ein Handbuch sicher hilfreich, dennoch wird hier dem individuellen Verstand auf jeden Fall zugetraut, mit Hilfe formulierter ethischer Grundsätze das Dilemma selbst zu lösen. Hier zeigt sich wieder, dass Leitlinien so formuliert sein müssen, dass klar ist, in welche Richtung es geht. Ebenso müssen die Mitarbeiter gerade in Dilemmasituationen ihren Verstand nutzen. Dies setzt ein Klima der Eigenverantwortung und des vertrauensvollen Umgangs miteinander voraus. Zusätzlich muss dies auch klar formuliert und offensiv eingefordert werden.

Stattdessen gibt es einige Stimmen, die sich für einen sogenannten 'Ethics-Officer' aussprechen[22]. Dieser wird, nachdem das strategische Ethikmanagement im Unternehmen eingeführt und der Veränderungsprozess gestartet wurde, im Rahmen der Errichtung der operativen Infrastruktur 'installiert'. Seine Aufgabe ist zum einem der organisatorische Bereich. Er kümmert sich, als Schnittstelle quasi, um Organisation und Funktion ethischer Belange innerhalb des Unternehmens. Des weiteren kümmert er sich bei unklaren Situationen um Klärung. Er kann Hilfestellung und Rat geben. Und hier fängt die Schwierigkeit allerdings schon an. Mit welchem Recht ist diese Instanz ausgestattet? In wieweit sind die Mitarbeiter bereit, Persönliches Preis zu geben? Um solchen Fragen aus dem Weg zu gehen wird vorgeschlagen, den Officer als externe Dienstleistung anzubieten. So kann beispielsweise eine Rechtsanwaltskanzlei die eingereichten Fragen anonym annehmen und entsprechend bearbeiten. Dann stellt sich jedoch erneut die Frage, ob Mitarbeiter bereit sind Firmeninterna offen zu legen.

3.1.5. Personal Response – Give all staff the personal opportunity to respond to the content of the code.

Dieser Punkt deutet für mich wieder den bottom-up-Ansatz vom Anfang an. Es geht dabei um die Einführung der Grundsätze durch alle Mitarbeiter. Nur wenn sich alle vertreten fühlen werden sich alle gemeinsam um die Umsetzung der Grundsätze kümmern. Und nur wenn sich alle darum kümmern werden diese dauerhaft Teil der individuellen Unternehmenskultur. Insofern ist jeder Mitarbeiter persönlich für die Einhaltung der Grundsätze verantwortlich. Dies muss jedem klar sein: Er hat kein Recht, diese Verantwortung nicht wahrzunehmen. Ich würde sogar soweit gehen, zu sagen, dass es eine Ausprägung von Zivilcourage ist, ethische Grundsätze bewusst umzusetzen und weiter zu entwickeln. Und vielleicht bestimmte legale Standards oder gesellschaftliche Normen konsequenter als üblich zu beachten.

---

[21] J. Wieland, Unternehmensethik in der Praxis - Impulse aus den USA, Deutschland und der Schweiz, Bern 1998

[22] o.V., Ethik und Unternehmenskultur, KPMG - Integrity Service, o.O. 1999

3.1.6. Affirmation – Have a procedure for managers and supervisors regularly to state that they and their staff understand and apply the provisions of the code and raise matters not covered by it.

Das Thema muss 'warm gehalten' werden. Dies bedeutet, die zuständigen Organe müssen dafür sorgen, dass die Leitlinien umgesetzt und nicht vergessen werden. Nur so können sie sich in der Kultur des Unternehmens als fester Bestandteil etablieren. Etwas allgemeiner gesprochen geht es darum, Strukturen zur regelmäßigen Festigung und Aktivierung der Grundsätze im Unternehmen aufzubauen.

Ein Interviewpartner merkte an, dass die Mitarbeiter förmlich 'Entzugserscheinungen' bekommen sollten wenn nicht mehr im gewohnten Maße ethisch gehandelt wird. Dies zeigt sich auch in einer Äußerung, dass vor Fusion und Marktöffnung bestimmte Standards höher waren und Vorschriften strikter umgesetzt wurden. Die Belegschaft legt also Wert auf die Grundsätze und stellt fest, wenn nicht danach gehandelt wird.

Um auf das angesprochene 'Vital-Ritual' zu sprechen kommen: In einigen Gesprächen kam zum Ausdruck, dass es vielleicht sinnvoll ist, gezielt Teile der geschriebenen Grundsätze im Rahmen von Mitarbeiterbesprechungen (Jour-fixe) zu diskutieren. Dabei wird jedes Mal ein anderes Schwerpunktthema ausgewählt. Wobei es wichtig ist, dass sich die Teilnehmer vorab darauf vorbereiten und ihr Verhalten dahingehend überprüfen.

3.1.7. Regular Review – Have a procedure for regular review and updating of the code.

Dieser Punkt baut auf den vorangegangenen auf. Nicht nur in der Beziehung Mitarbeiter-Vorgesetzter, sondern unternehmensweit ist eine ständige Überprüfung notwendig. Nur so können die verfolgten Ziele mit den erreichten Erfolgen abgeglichen werden. Die Leitlinien bzw. ethischen Grundsätze müssen deshalb regelmäßig wieder in den Mittelpunkt unternehmerischen Handelns gerückt werden. Nur ist bei Mitarbeitern und Stakeholder deren Stellenwert klar erkennbar.

Doch wie kann eine solche Überprüfung erfolgen? Zum einen ist eine Aufarbeitung der Ereignisse im Rahmen eines Umweltberichts denkbar. Dieser wird vom Top-Management gefordert und ist an den ethischen Grundsätzen orientiert. Dabei ist in allen Punkten stets die Übereinstimmung zwischen Wunsch und Wirklichkeit zu prüfen. Eine weitere Möglichkeit die Einhaltung zu prüfen sind z.B. regelmäßige Mitarbeitergespräche. Hier wird reflektiert, ob der jeweilige Vorgesetzte dem Leitbild in bezug auf sein Handeln gerecht wird.

Jedoch ist der Blick nicht nur auf die Umsetzung in einzelnen Bereichen oder zwischen den Menschen zu richten. Ebenso wichtig ist die regelmäßige Prüfung und Bewertung der Grundsätze auf Aktualität und Sinnhaftigkeit. So können bestimmte technische oder gesellschaftliche Entwicklungen einen einzelnen Grundsatz irrwitzig erscheinen lassen. Notfalls sind dann einzelne Aspekte zu konkretisieren oder ganz zu streichen. Dies setzt jedoch wieder eine breite Diskussion und Beteiligung innerhalb der Organisation voraus. Außerdem ist es notwendig, dass das entsprechende Organ im Unternehmen dafür sensibel ist und die Notwendigkeit zur Steuerung und ggf. Kursänderung erkennt.

3.1.8.   Contracts – Consider making adherence of the code obligatory by including reference to it in all contracts of employment and linking it with disciplinary procedures.

'Ethik kann nicht verordnet werden. Ethik will gelebt und anhand der jeweiligen Wertvorstellungen im Unternehmen immer neu hinterfragt werden.'[23] So haben es auch die meisten meiner Interviewpartner gesehen. In Arbeitsverträgen sollen und können keine konkreten Anweisungen für ethisches Handeln vereinbart werden. Auf das Leitbild des Unternehmens bzw. den Code of Conduct kann sicherlich bezug genommen werden. Auch können Sanktionen bei Verstößen dagegen angekündigt werden. Da jedes Individuum jedoch unterschiedlich reagiert, können keine Wenn-Dann-Vereinbarungen in Verträgen geschlossen werden. Ethische Grundsätze müssen aus Einsicht und echtem Verständnis befolgt werden; nicht durch Verträge.

Trotzdem halte ich es für wichtig, zumindest darauf hinzuweisen. Dadurch werden die Grundsätze verbindlicher und erhalten einen höheren Stellenwert im Unternehmen. Außerdem ist es ein Beitrag zu deren Lebendigkeit. Weil regelmäßig neue Mitarbeiter in das Unternehmen kommen, befassen sich auch immer wieder andere Individuen damit. Meinungsaustausch und Aktualität werden gefördert und gefordert. Zusätzlich kann bereits im Arbeitsvertrag darauf hingewiesen werden, dass dieses Arbeitsverhältnis ein gegenseitiges 'Geben und Nehmen' beinhaltet. Beide Seiten wollen fair und nachhaltig miteinander und mit der Gesellschaft umgehen. Ebenso lässt sich hier bereits auf das in der Organisation herrschende Menschenbild eingehen. Der Mitarbeiter ist sich darüber im klaren, dass Verantwortungsbewusstsein von ihm erwartet wird und er muss wissen, dass sein engagiertes Handeln 'von oben' gedeckt ist.

3.1.9.   Training – Ask those responsible for company training programmes at all levels to include issues raised by the code in their programmes.

In diesem Punkt sammeln sich zahlreiche Unteraspekte. So treffen hier Erarbeitung, Einführung, Festigung und Veränderung ethischer Grundsätze direkt aufeinander. Die im Unternehmen für Aus- und Weiterbildung zuständigen Personen sind also vielseitig gefragt. Zusätzlich trifft hier auch individuelles auf kollektives Verhalten. Generell geht es den Autoren jedoch darum zu vermitteln, dass es in jeder Maßnahme für Mitarbeiter die Möglichkeit gibt, den Bezug zum Unternehmensleitbild herzustellen. Es geht nicht darum, Ganztagsveranstaltungen mit Theologen durchzuführen, vielmehr soll durch die stete Erwähnung der Grundsätze der 'Stein gehöhlt werden'. Wobei dies in den Interviews oft auf Skepsis stieß. Ein Zuviel an ethischen Grundsätzen könnte schnell zu einer Trotzreaktion der Mitarbeiter führen.

Unter diesen Punkt könnte man auch die Vermittlung des eingangs genannten positiven Denkens packen. Die Mitarbeiter sollen die Vorteile, die durch ethisches Handeln auch für sie persönlich entstehen, vermittelt bekommen. Angst vor Veränderung kann in der Gruppe viel besser bekämpft werden und Mut entsteht. Da die erreichbare Personenzahl höher ist, gewinnt jeder Mitarbeiter noch mehr den gewollten Eindruck, aktiv an den Leitlinien mitzuwirken.

---

[23] L. Mandac, Unternehmensethik, in: Forum – Vortragsreihe des Instituts der Deutschen Wirtschaft, Jg. 49, Nr. 23, Köln 1999

3.1.10. Translation – See that the code is translated for use in overseas subsidiaries or other places where English is not the principal language.

Wenn von Verständlichkeit der einzelnen Worte und Sätze gesprochen wird, dann muss auch die Verständlichkeit in der Sprache gewährleistet sein. So ist es wichtig, nicht nur in der Sprache des Hauptsitzes, sondern in den relevanten im Unternehmen vertretenen Sprachen zu publizieren. Hilfsweise reicht es hier nicht, die Unternehmenssprache zu bemühen. Grundsätze können nur, wie oben angeführt, umgesetzt werden, wenn sie verstanden wurden. Dies ist in einer Sprache die nicht die eigene ist noch schwieriger. Bei der Übersetzung ist dann natürlich auch auf eine sinngemäße und nicht wortwörtliche Übersetzung zu achten. Der Effekt muss der selbe sein, wie in der Ursprungsversion.

3.1.11. Distribution – Make copies of the code available to business partners (suppliers, customers, etc.) and expect their compliance.

Um positive Effekte aus der Einführung ethischer Grundsätze auch von außen zu erhalten müssen diese auch nach außen kommuniziert werden. Dabei können sowohl gezielt Kampagnen als auch lediglich Randbemerkungen eingesetzt werden. In manchen Branchen (z.B. Energieversorger) ist es jedoch besonders wichtig, das Mittel 'Außenwirkung' gezielt einzusetzen. Wird ein umweltschädliches Gut produziert, muss das 'Warum' plausibel erklärt werden können. Genauso muss jedoch auch gesagt werden, was getan wird, um den Umgang mit der Natur zukünftig zu verbessern.

Dieser Punkt spielt auf das Verhältnis der Organisation zu ihren Stakeholdern an. Dabei geht es um zwei Kernziele. Zum einen soll die relevante Öffentlichkeit über die eigenen ethischen Grundsätze informiert werden. Dies kann zum Schutz gegen von außen herangetragene geschäftsschädigende Handlungen geschehen oder auch als klares Bekenntnis und eine Rechtfertigung für ein bestimmtes Vorgehen. Zum anderen soll das eigene Image gezielt optimiert werden. Dabei werden Ängste und Vorurteile relativiert und ein kritischer Dialog mit dem Unternehmen angeregt.

Als Sonderfall kann die Verpflichtung zur Einhaltung des Leitbilds gesehen werden. Nicht jedes Unternehmen hat die Marktmacht bzw. den unternehmerischen Einfluss, seine eigenen Grundsätze auf verbundene Organisationen zu übertragen. Dabei ist die Grenze schwammig, ob es ein abhängiges Unternehmen oder ein eigentlich noch frei und eigenständig handelndes ist. Dennoch gibt es Fälle erfolgreichen Werte- und Verantwortungsübertrags auf Zulieferer.[24] Dem sind oft tiefgreifende und schmerzliche Schocks im Umsatz vorangegangen. Wobei jedoch bei der Aufdeckung der unethischen Handlungen meist Nichtregierungsorganisationen beteiligt waren.

3.1.12. Annual Report – Reproduce or insert a copy of the code in the Annual Report so that shareholders and a wider public know about the company's position on ethical matter.

Auch dieser letzte Punkt ist eng mit den vorgenannten verbunden. Natürlich müssen die Anteilseigner wissen, wie sich ihr Unternehmen nach der Einführung ethischer Grundsätze verhält. Es reicht nicht aus, die Punkte einmalig im Geschäftsbericht aufzuführen. Es ist ebenso wichtig, regelmäßig über deren Einhaltung und Weiterentwicklung zu berichten. Wenn bei den Anteilseignern eine Art von Stolz auf das Unternehmen entsteht ist die Verkaufsbereitschaft nicht so hoch. Außerdem ist es so möglicherweise einfacher, neues Kapital zu günstigeren Preisen zu bekommen.

---

[24] Vgl. M. Bauchmüller, Globalisierung - Konzerne spüren den Druck von unten, in: Süddeutsche Zeitung, vom 05.09.2001

Ergänzend dazu verpflichtet sich das Unternehmen durch Ausgabe des Leitbildes an seine Anteilseigner auch auf dessen Einhaltung; es setzt sich selbst unter Druck. Der Blick dieser Öffentlichkeit ist mitunter noch kritischer als der normaler Beobachter.

3.2. Grundsätzliche Anforderungen an Leitbilder nach Bleicher

Bleicher stellt in seinem Buch[25] ergänzend ebenfalls acht zu umgehende Schwierigkeiten bzw. Bereiche in denen diese auftreten können dar. So hält er 'Allgemeingültigkeit' und 'langfristige Gültigkeit' für wichtig. Damit meint er, ethische Grundsätze sollen auch zukünftig und dauerhaft in Dilemmasituationen anwendbar sein. Man muss sich fest darauf verlassen können und nicht nur temporär für Einzelfälle bzw. Teilbereiche der Unternehmung gelten. Des weiteren spricht er von 'Wesentlichkeit' und stellt klar, dass lediglich wirklich notwendige Handlungsanweisungen in Leitbilder aufgenommen werden sollen. Die handelnde Person soll dabei nicht durch schmückendes Beiwerk abgelenkt sein. Außerdem sieht Bleicher die 'Vollständigkeit' als zentralen Punkt an. Es können zwar kaum alle möglichen zukünftigen Veränderungen berücksichtigt werden. Hierbei sei nur auf den Punkt 'Realisierbarkeit' verwiesen. Utopische, nicht den unternehmerischen Möglichkeiten angepasste Aussagen, sind zu vermeiden. Die Formulierung muss jedoch so flexibel und allgemein gehalten sein, dass wesentliche, gerne auch ehrgeizige, Rahmenänderungen ebenfalls abgedeckt wären. Dennoch darf die Formulierung nicht zu schwammig und oberflächlich sein, wobei die Interpretation und der Übertrag ins Tagesgeschäft jeweils auf den nachgelagerten Stufen erfolgt.

Wie bereits bei den zwölf Punkten zur Einführung der Leitsätze angesprochen, ist es i.S. der Glaubwürdigkeit notwendig, nur ehrlich gemeinte Absichten zu publizieren. Das verabschiedete Leitbild muss deshalb dem Kriterium 'Wahrheit' entsprechen und gültig sein. Es muss die wirklichen, ernsten Auffassungen und Absichten des Managements wiederspiegeln. Nur so ist das Unternehmen nach innen und außen glaubhaft. Außerdem muss die 'Konsistenz', also eine Schlüssigkeit der Aussagen in sich, klar zum Ausdruck kommen. Diese dürfen sich keinesfalls gegenseitig in Frage stellen oder gar widersprechen. Dadurch würden unnötige Schwierigkeiten bei der Umsetzung auftreten. Damit einher geht auch der letztgenannte Punkt. Bleicher spricht sich für 'Klarheit' aus und fordert, dass trotz des meist abstrakten Charakters der Leitbilder eine eindeutige Handlungsanweisung erkennbar sein muss. Um keine Missverständnisse aufkommen zu lassen, ist es deshalb seiner Meinung nach zweckmäßig, dem allgemeinen 'Grundsatz' zum jeweiligen Thema einige interpretierende Erläuterungen zur Seite zu stellen.

3.3. Macht

Im Kontext sozialer Verantwortung spielt der Einsatz von Macht eine ganz besondere Rolle. Je mehr sich davon an einem bestimmten Punkt konzentriert, beispielsweise in global agierenden Konzernen, desto mehr wächst die sogenannte 'Autonomie des Handelns'. Damit einher gehend steigt die Gefahr deren missbräuchlichen Nutzung.[26] Macht kann zu Gunsten der Gesellschaft sowohl positiv als auch negativ eingesetzt werden. Generell kann man jedoch davon ausgehen, dass ein Mehr an Macht ebenfalls einen Zuwachs an Verantwortung nach sich zieht.

---

[25] K. Bleicher, Normatives Management – St. Galler Management-Konzept (Band 5), Frankfurt 1994
[26] ebenda

Der Begriff Macht wird zwar üblicherweise eher negativ bzw. mit Vorsicht benutzt, dennoch verbirgt sich dahinter mehr als nur eine potentielle Gewalt. Es handelt sich viel mehr um eine Chance zur effektiven Durchsetzung unternehmenspolitischer Ziele. Da die Grundlage von Macht im weitesten Sinne die Beherrschung knapper Ressourcen ist, entsteht eine Beziehung zwischen dem der über die Ressourcen verfügt und dem der sie benötigt.

In Zusammenhang mit ethischen Grundsätzen bedeutet dies ein klares Über-Unterordnungsverhältnis. D.h. es gibt stärkere und schwächere Mitglieder in einer Gruppe, Organisation oder Gesellschaft. Diese sind nun aufgrund ihrer spezifischen Machtfülle in der Lage bestimmte Standards durchzusetzen bzw. sich denen anderer zu beugen.

4. Fazit

Ethische Handeln in Unternehmen erscheint mir am Ende der Ausarbeitung aus vielerlei Sicht mehr als sinnvoll, ja geboten: So sprechen individuelle und kollektive Gründe dafür. Sowohl unternehmensintern als auch extern wird eine ethische, eine gesellschaftliche Verantwortung gefordert. Mit steigendem Einfluss der Unternehmen und sinkendem des Staates bleibt auch keine andere Wahl. Zur langfristigen Sicherung einer qualitativen Produktion und des Produktabsatzes muss sich jedes marktwirtschaftlich orientierte Unternehmen darüber Gedanken machen. Soziale Verantwortung kann somit zusammenfassend als 'Schmiermittel der Wirtschaft' bezeichnet werden.

Bei der Erarbeitung der ethischen Grundsätze bzw. des Unternehmensleitbilds sollte man sich zuerst seines gesunden Menschenverstandes bedienen. Danach auch der gültigen humanen Normen. Auf jedem Fall ist allerdings klar, dass keine abgehobenen, nicht umsetzbaren bzw. lebbaren Handlungsleitsätze erdacht werden sollen. Dies würde den Erfolg der ethischen Grundsätze dauerhaft unmöglich machen. Stattdessen empfehle ich bei der Einführung ein Vorgehen nach dem Zwölf-Punkteprogramm. Hierin werden potentielle Schwierigkeiten aufgelistet und mit Lösungsmöglichkeiten versehen. Es ist jedoch unbedingt notwendig, dass die Unternehmensführung den ehrlichen Willen zur Umsetzung verfolg. Nichts ist schlimmer als eine 'Feigenblatt-Ethik'.

Generell kann ich mich nur positiv zum Thema der Ausarbeitung äußern. Die Verbindung zwischen Theorie und Praxis hat mir nachhaltig Wissen gebracht. Zwar musste ich feststellen, dass es eben doch zwei Paar Schuhe sind, etwas zu moralisch wollen und etwas praktisch zu tun. Dennoch habe ich den Eindruck gewonnen, in Unternehmen tut sich diesbezüglich bereits sehr viel. Dabei wehre ich mich jedoch entschieden gegen die Forderung nach staatlichen Eingriffen zu Gunsten höherer ethischer Standards. Dies halte ich für kontraproduktiv, da ich der Meinung bin, die Interaktion zwischen Produzent und Konsument regelt die meisten Fragen ohnehin von selbst. Erst bei offensichtlichem Marktversagen (z.B. in Umweltfragen) können staatliche Eingriffe angedacht werden.

Obwohl ich den großen Themenkomplex bei weitem nicht vollständig bearbeiten konnte, hoffe ich einen geeigneten Überblick gegeben zu haben. Für mich selbst nehme ich die unbedingte Anregung und den Wunsch für später nach eigener Umsetzung mit.

5. Anhang

5.1. Quellenverzeichnis

Bauchmüller, M. (2001): Globalisierung - Konzerne spüren den Druck von unten, in: Süddeutsche Zeitung, vom 05.09.2001

Bleicher, K. (1994): Normatives Management – Politik, Verfassung und Philosophie des Unternehmens – St. Galler Management-Konzept (Band 5), Frankfurt am Main 1994

Brewing, J. (1995): Kritik der Unternehmensethik: An den Grenzen der konsensual-kommunikativ orientierten Unternehmensethik, Dissertation, Bern 1995

Chambers, G. (1998): The war on talent, in: McKinsey Quarterly 3/1998, o.O. 1998

Donaldson, Th. (2001): Kein Business as usual, in: Future 01/01, Aventis AG, o.O. 2001

Dorfs, J. (2001): Unternehmen entdecken die soziale Verantwortung – Auf dem Weltwirtschaftsforum versprechen Firmenchefs die Abkehr vom alleinigen Blick auf den Aktienkurs, in: Handelsblatt, vom 30.01.2001

Kreikebaum, H. (1998): Unternehmensethik und Globalisierungsstrategien, in: G. Handlbauer / K. Matzler / E. Sauerwein / M. Stumpf, Perspektiven im Strategischen Management – Festschrift für Hans H. Hinterhuber zum 60. Geburtstag, Berlin 1998

Kreikebaum, H. (1997): Unternehmensethik – Verantwortung für Aktionäre und Arbeitnehmer, in: unicompact, Sonderheft 'Fortschritt und Verantwortung', o.O. 1997

Kreikebaum, H. (1996): Grundlagen der Unternehmensethik, Stuttgart 1996

Le Jeune, M. / Webley, S. (1998): 12 Steps for Implementing a Code of Business Ethics, in: Company use of codes of business ethics, Institute of business ethics, London 1998

Löhnert, B. (1998): Die kulturellen Grundlagen amerikanischer Unternehmensethik-programme: Eine interkulturelle Analyse, in: J. Wieland / P. Ulrich, Praktische Unternehmensethik, Bern 1998

Lunau, Y. (2000): Unternehmensethikberatung – Methodischer Weg zu einem praktikablen Konzept, Dissertation, Bern 2000

Mandac, L. (1999): Unternehmensethik, in: Forum – Vortragsreihe des Instituts der Deutschen Wirtschaft, Jg. 49, Nr. 23, Köln 1999

Palazzo, B. (2002): Ethik als Erfolgsmotor, in: Süddeutsche Zeitung, vom 13.05.2002

Palazzo, B. (2001): Unternehmensethik als Instrument der Prävention von Wirtschaftskriminalität und Korruption, in: Die Kriminalprävention 02/2001, o.O. 2001

Palazzo, B. (2001): Unternehmensethik als strategischer Erfolgsfaktor, in: io management Nr. 1/2 2001, o.O. 2001

Pichler, J. (Hrsg.)(2000): Ethische Kompetenz der Unternehmer als Erfolgsbedingung, Beiträge zur ganzheitlichen Wirtschafts- und Gesellschaftslehre, Band 10, Berlin 2000

Porting, P. / Vahlenkamp, W. (2000): Leitfaden zur Korruptionsvorbeugung, o.O. 2000

Szanto, A. (2002): Nachhaltigkeit – 'Die Schnellmacher stürzen alle ab', Interview mit Hans-Peter Dürr, in: Süddeutsche Zeitung, vom 23.08.2002

Wieland, J. (1998): Unternehmensethik in der Praxis - Impulse aus den USA, Deutschland und der Schweiz, Bern 1998

Wieland, J. (Hrsg.) (o.J.): Unternehmensethik als Erfolgsfaktor in globalen Kooperationen, in: Handbuch Internationalisierung, o.O. o.J.

Wagner, G. (Hrsg.)(1999): Unternehmensführung, Ethik und Umwelt – Hartmut Kreikebaum zum 65. Geburtstag, o.A., Wiesbaden 1999 *o.V.* (2002): Umweltbericht 2001, Energie Baden-Württemberg AG, Stuttgart 2002

o.V. (2001): Fakten zur Energie Baden-Württemberg Aktiengesellschaft, Intranet Energie Baden-Württemberg AG, Karlsruhe 2001

o.V. (2001): Führungsgrundsätze für die EnBW – Partnerschaftliches und kooperatives Handeln, Intranet Energie Baden-Württemberg AG, Karlsruhe 2001

o.V. (2001): Motto und Botschaft der EnBW – Mit Energie was unternehmen, Intranet Energie Baden-Württemberg AG, Karlsruhe 2001

o.V. (2001): Umweltleitsätze, Intranet Energie Baden-Württemberg AG, Karlsruhe 2001

o.V. (2000): Grundsätze und Ziele der EnBW – 'Was wir wollen', Intranet Energie Baden-Württemberg AG, Karlsruhe 2000

o.V. (2000): Leitsätze zur Vermeidung geschäftsschädigender Handlungen, Intranet Energie Baden-Württemberg AG, Karlsruhe 2000

o.V. (1999): Ethik und Unternehmenskultur, KPMG – Integrity Service, Frankfurt 1999

o.V. (1999): Unternehmensleitbilder in deutschen Unternehmen – Eine Untersuchung von KPMG in Zusammenarbeit mit dem Lehrstuhl für Unternehmensführung an der Universität Erlangen-Nürnberg, KPMG, Frankfurt 1999

o.V. (1995): Geschäftsgrundsätze, Unilever N.V., Rotterdam 1995

o.V. (o.J.): Stellungnahme der Bundesvereinigung der Deutschen Arbeitgeberverbände (BDA) und dem Bundesverband der Deutschen Industrie (BDI) zum Grünbuch 'Europäische Rahmenbedingungen für die Soziale Verantwortung der Unternehmen' vorgelegt von der Europäischen Kommission, Berlin o.J.

o.V. (o.J.): Wahre Verantwortung beginnt im eigenen Unternehmen und erstreckt sich rund um den Erdball, in: Geschäftsbericht 2001 der SAP AG, o.O. o.J.

5.2. Verzeichnis der Interviewpartner

[...] Aus Datenschutzgründen nicht zur Veröffentlichung freigegeben. Dies gilt auch für kurze Abschnitte innerhalb der Ausarbeitung.